安全確認ポケットブック

はしご・脚立等の災害の防止

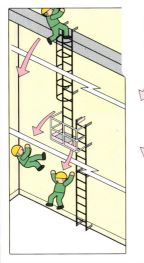

中央労働災害防止協会

序

　「はしご*a・脚立*b・作業台」（以下、用具等という）は、職場だけでなく、家庭生活でも欠かせない用具です。特に「はしご」は、昔から多くの場所で使われている身近な用具で、重篤な災害（死亡や永久労働不能につながる障害が残るケガ）も多数発生しています。

　近年の労働災害の発生状況をみると、墜落・転落災害では「用具」が起因物となる災害が、いまだに上位を占めています。

　「用具」による労働災害の主な要因は「不適正な用具の選択と使用方法、不安全な管理（もの・人・管理）」です。つまり「労働災害は、人災」です。

　適正な用具等を選び、適正に使用すれば、労働災害は防ぐことができます。本書は、用具等の種類と特徴等、また「用具等の危険性と適正な作業方法」を知っていただくために、平成26年7月に出版されました。今回、平成31年2月に墜落制止用器具（安全帯）に関する労働安全衛生法令が改正施行*cされることに対応して、見直しを行いました。用具等に係るリスクアセスメントを行う上でも、ヒントになる内容となっています。

　近年は、天井の高い事務所や工場が多くなり、壁面の有効利用、大型の工作機械等の保全作業等で、用具等を使用する高さ2m以上の高所作業が増大しています。

　本書を活用して、「用具等の適正な使用方法」を知り、高所作業の労働災害防止に活用していただければ幸いです。

－ご安全に！－

*a：はしごは、高い所へ寄せかけて登る道具。2本の長い材に幾段もの横木を取り付けて足掛かりとしたもので、「固定はしご」と「移動はしご」があります。

*b：脚立は、短いはしごのようなものを両側から合わせ、上に板を取り付けた高い踏み台。

*c：労働安全衛生法令の改正で、「安全帯」の名称は「墜落制止用器具」に名称が変わりました。また、墜落制止用器具として認められる器具は、「胴ベルト型（一本つり）」と「フルハーネス型（一本つり）」で、墜落制止用器具は「フルハーネス型を使用すること」が原則となります（p.5参照）。

　なお、従来の安全帯に含まれていた「胴ベルト型（U字つり）」は墜落制止用器具には含まれず、「ワークポジショニング用器具」とされ、その使用にあたっては、フルハーネス型との併用が求められます。また、本書では、墜落制止用器具を使用する場面（胴ベルト型（一本つり）を使える場合も含む）を、全て、フルハーネス型墜落制止用器具を使用することとし、文中では「フルハーネス型」と表記しています。なお、法令用語としては、「墜落制止用器具」となりますが、建設現場等において従来からの呼称である「安全帯」、「胴ベルト」、「ハーネス型安全帯」といった用語を使用することは差し支えないとの見解が示されています。

目 次

I 用具等の基本的知識

- A 移動・固定はしごの種類 ･･･ 2
- B 脚立・作業台の種類 ･･ 3
- C 天板・天場・作業床の定義 ･･･････････････････････････････････････ 4
- D 墜落制止用器具（安全帯）と墜落阻止装置 ･･･････････････････････ 5
- E はしご・脚立等（用具等）使用時の共通事項 ･････････････････････ 8
- F 移動はしごの適正な使用方法等 ･･････････････････････････････････ 10
- G 固定はしごの適正な使用方法等 ･･････････････････････････････････ 11
- H 上わく付き専用脚立の適正な使用方法等 ･････････････････････････ 12
- I 高さ1.5m以上*dの作業台の適正な使用方法等
  （手すり付き可搬作業台・高所作業台） ･･････････････････････････ 13
- J 昇降式移動足場の適正な使用方法等 ･･････････････････････････････ 14
- K 狭い孔口等の昇降と命綱の使い方 ････････････････････････････････ 15

II 災害事例と再発防止対策

- L 墜落制止用器具（安全帯）の不適正な使用による災害と対策 ･････ 16
- M 移動はしごの不適正な昇降による災害と対策 ･････････････････････ 18
- N 固定はしごの不適正な昇降による災害と対策 ･････････････････････ 20
- O 踏だな付き固定はしごの昇降による災害と対策 ･･･････････････････ 21
- P 下部のない固定はしごの昇降時の災害と対策 ･････････････････････ 22
- Q 水槽等で使用する固定はしごの昇降時の災害と対策 ･･･････････････ 23
- R ２連はしごの昇降時の災害と対策 ････････････････････････････････ 24
- S 専用脚立の不適正な使用による災害と対策 ･･･････････････････････ 25
- T 移動式作業台昇降時の災害と対策 ････････････････････････････････ 26
- U 階段はしご*eの不適正な使用による災害と対策 ･･･････････････････ 27
- V 受水槽の固定はしご昇降時の災害と対策 ･････････････････････････ 28

*d：安衛則第 518 条では、高さ２m以上で行う作業を「高所作業」としていますが、本書では、高さ 1.5 m（日本人成人男性平均身長の目線高）以上を「高所作業に準じた高さ」とします。

*e：「階段はしご」は国内で一般的に商品名で使われている名称で、ＪＩＳにおける「階段・はしご」の定義とは異なりますが、本書では「階段はしご」の名称を使用します。

（略語について）
① 「安衛令」：労働安全衛生法施行令、② 「安衛則」：労働安全衛生規則、③ 「兼用脚立」：はしご兼用脚立、④ 「安全ブロック」：リトラクタ式墜落阻止装置、⑤ 「ＲＡ」：リスクアセスメント

I 用具等の基本的知識

A 移動・固定はしごの種類

はしごは、「移動はしご」、「固定はしご」等に大別。

移動はしご（75度程度） 段ばしご 通称：階段はしご（45〜60度程度（推奨）） 固定はしご（90度 背もたれ） 階段（30〜38度（推奨）安全柵 手すり）

※JIS B 9713を参考に作成

（1）移動はしご

持ち運んで任意の場所で使用できるはしご。一般の作業ではアルミ合金製が主流で、電気工事用は繊維強化プラスチック（FRP）製を使用。
※幅は30cm以上

一般的なアルミ合金製移動はしごの種類

	①一連はしご	②二連はしご	③伸縮はしご	④階段はしご
例			収納状態	
全長(例)	約2.4〜6.1m	約5.2〜10.7m	約3.8〜4.2m	約4.0m
最大使用質量(例)	100〜150kg	100〜150kg	100kg	150kg
設置角度(例)	約75度	約75度	約75度	60度・70度
備考	使用高さ5.5m未満。一定の高さで使用	収納状態にすると、車のルーフラックに積載できる	車のトランク等に収納が可能。脚部は設置面が広く安定	踏さんの奥行きは14cm程度と広い。両側に手すりを取り付けると昇降しやすい

※1　①〜③は「はしご取付け金具」、下部に「アウトリガー」、上部に「自在・固定フック」、上下に「ポールグリップ」等のオプションがあるものもある。
※2　三連はしごは連結部が2カ所あり、たわみが大きくなるので推奨できない。

(2) 固定はしご

建築物や設備に固定されているはしご。鋼製で垂直のものが多い。床上操作式クレーン等では、傾斜角75度程度のものもある。

※幅は30cm以上

背もたれ（背かご）付き固定はしご　　床上操作式クレーンの固定はしご

B　脚立・作業台の種類

（1）脚立の種類（一般的なアルミ合金製）

	①はしご兼用脚立（兼用脚立）	②専用脚立	③上わく付き専用脚立	④三脚脚立
例	脚立／はしご			
天板高さ（例）	52～198cm	80～420cm	180・240・300cm	90～450cm
最大使用質量（例）	100～130kg	100～160kg	100kg	100kg
設置角度（例）	約75度	約75度	約75度	約75度
備考	天板の高さは2m未満。伸ばしてはしご、逆V型にして脚立として使用	踏さんの奥行き・天板面積は兼用脚立より広い。はしごとしては使用不可	上わくあり、天場は30cm角程度ある。4脚スプリングキャスター付きが主流	踏さんで作業する園芸用で、踏さんの奥行きは12cm程度と広い。脚部はスパイク状の滑り止め

※　①②は、「天板に乗る・天板に座っての作業」は危険性が高いので、天板に赤色塗布・×印等を表示し、天板の「使用禁止」を推奨。

(2) 作業台の種類（一般的なアルミ合金製）

	①作業台	②移動式作業台	③可搬式作業台
例			
天場高さ（例）	90～300cm	236～356cm	70～180cm
最大使用質量（例）	120kg	120kg	150kg
備考	天場は40×55cm程度、昇降面と天場の三方に手すりがある	四輪キャスター（ストッパー付き）で移動。天場は50×52cm程度、昇降面と天場の三方に手すりがある	脚柱と作業床が一体構造、軽量で移動が簡単。背面キャスター付きは移動が容易。

C　天板・天場・作業床の定義

①**天板（てんいた）**：　脚立等の最上部の板。軽量の工具などを仮置きできる
②**天場（てんば）**：　脚立や作業台などに取り付けられた、人が乗って短時間作業を行うための床
③**作業床**：　人が乗って、連続作業を行うための床

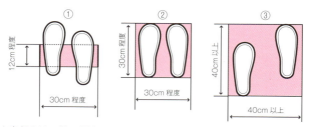

☆奥行きは、靴の長さの３分の１（10cm）以上ないと、安定しないといわれている。またつま先（10cm位）が掛からないと、踏ばれない。

※①②は、メーカーのカタログでの表現を参考にした本書における用語の定義。③作業床は、安衛則第563条第1項第2号に幅40cm以上と規定がある。

D 墜落制止用器具（安全帯）と墜落阻止装置

（1）墜落制止用器具（安全帯）について

　従来から日本で多く使用されてきた胴ベルト型安全帯は、内臓破裂や胸部圧迫による死亡災害が発生していること、また国際規格等では、着用者の身体を複数箇所で保持するフルハーネス型安全帯が採用されていることから、平成31年施行の法令改正で、名称が「安全帯」から「墜落制止用器具」に改められ、高所作業では、原則(注1)として、フルハーネス型(注2)を使用することが義務付けられます。また、フルハーネス型を使用する場合には、特別教育の受講が義務付けられます。なお「墜落制止用器具」は、「フルハーネス型（一本つり）」と「胴ベルト型（一本つり）」のみとすることが定められ、さらに国際規格にならい、「U字つり型」は該当しないこととされました。

　墜落制止用器具は、ランヤードのフックを頭より高い場所に掛けて使用しましょう。

　また「ハーネス」の語源は馬具のことで、人体の肩・胴・腿までベルトで包み込むことにより、墜落しても姿勢が安定し、墜落制止状態において荷重が分散されるので大きな圧迫が加わらないようになっています。

（注1）フルハーネス型の着用者が墜落時に地面に到達するおそれがある場合（高さが6.75m以下）は、胴ベルト型（一本つり）を使用可
（注2）安全ブロック　　　　　　　　　　　　　　　　　　　　　の、固定ガイド式スライド（　　　　　　　　　　　　　　　　　　　　　「昇降用フロントD環付き」が

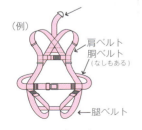

（例）
肩ベルト
胴ベルト
（なしもある）
腿ベルト

フルハーネス型

D環

※胴ベルト型（1本つり）用のランヤードにはロープ式とストラップ式がある

(2) 主な墜落阻止装置と使用例

（a）固定ガイド式スライド

（b）親綱ロープ式
　　（仮設用）スライド

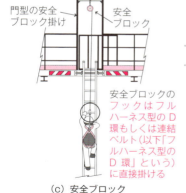

（c）安全ブロック

安全ブロックのフックはフルハーネス型のD環もしくは連結ベルト（以下「フルハーネス型のD環」という）に直接掛ける

【厳禁】
・墜落阻止装置のフックを、ランヤードのフックに掛ける（フルハーネス型のD環に直接掛けないとロック機能が作動しない）。
・用具等の踏さんにフルハーネス型のフックを掛ける（許容荷重980N（100kgf）であり危険）。

☆（a）(b）ではフルハーネス型は「昇降用フロントD環付き」を推奨

(3) 高所作業時の巻取り式フルハーネス型の着用例

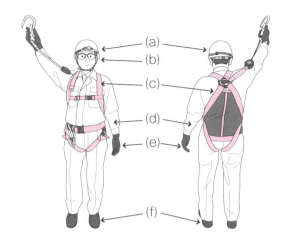

(a)ヘッドランプ付き保護帽　(b)保護めがね
(c)フルハーネス型〔ストラップが伸縮するものもある〕
　　(固定ガイド式スライド使用時は、「昇降用フロントD環付き」を推奨)
(d)保護衣(長袖・長ズボン)　(e)保護手袋(人工革)　(f)安全靴

〔フルハーネス型のランヤードのフックの取付け例〕

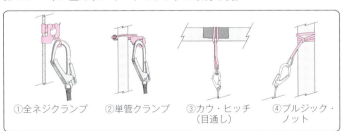

E　はしご・脚立等（用具等）使用時の共通事項

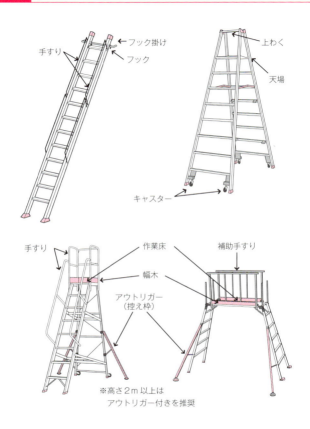

【厳禁】電気工事用にアルミ合金製用具を使用。（A参照）

☆安全な状態
(1) 作業環境・作業高さに適した用具等を選択したか　□
(2) 用具等の脚部、踏さん、支柱などは損傷していないか　□
(3) 堅固な床面上に、踏さんが水平になるように設置したか　□
(4) 用具等の開き止め金具は確実に掛け、ロックしたか　□
(5) 用具等の真下に物を置いていないか　□
(6) 用具等の下部、昇降部の照度は適正か　□
(7) 用具等使用作業の作業手順書はあるか　□
(8) 作業区域の立入禁止措置をしたか　□
(9) 第三者が通行する場所では、監視人を配置したか　□

[日常的な管理]
(a) 損傷している用具等を一時的に保管する場合、
　　「使用禁止」のシールを貼り、周知する。
(b) 用具等の作業手順書は定期的に見直す。

☆安全な行動
(1) 適正な服装・履物・保護帽・フルハーネス型を着用しているか□
(2) 3点支持(両手両足のうち3点)の動作で昇降しているか　□
(3) 手に物を持って昇降していないか　□
(4) 傾斜角45度以上の用具等を背にして降りていないか　□
(5) 踏さんにフルハーネス型のフックを掛けて作業していないか　□
(6) 踏さん上でつま先立ち等で作業をしていないか
　　〔踏さんの最大使用質量は100～150kg〕　□
(7) 用具等から身を乗り出して※いないか　□
(8) 「天板に座る、乗る、(天板を)跨ぐ」動作をしていないか　□
(9) 照度不足の場所では、ヘッドランプを着用しているか　□
※　身体の重心が支柱の外側にあると用具等が転倒する危険性がある

【注意】兼用脚立をはしごとして使用する場合、個々の踏さんの幅が異なるので、左右方向に転倒しやすく、また墜落しやすい。

F　移動はしごの適正な使用方法等

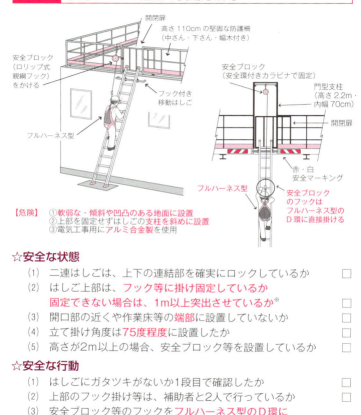

【危険】　①軟弱な・傾斜や凹凸のある地面に設置
　　　　②上部を固定せずはしごの支柱を斜めに設置
　　　　③電気工事用にアルミ合金製を使用

☆安全な状態

(1)　二連はしごは、上下の連結部を確実にロックしているか　☐
(2)　はしご上部は、フック等に掛け固定しているか
　　　固定できない場合は、1m以上突出させているか※　☐
(3)　開口部の近くや作業床等の端部に設置していないか　☐
(4)　立て掛け角度は75度程度に設置したか　☐
(5)　高さが2m以上の場合、安全ブロック等を設置しているか　☐

☆安全な行動

(1)　はしごにガタツキがないか1段目で確認したか　☐
(2)　上部のフック掛け等は、補助者と2人で行っているか　☐
(3)　安全ブロック等のフックをフルハーネス型のD環に
　　　直接掛けているか　☐

※安衛則第556条第1項第5号では、「60㎝以上突出」とあるが、腰の高さより上が望ましいため、本書では1m以上を推奨。

G　固定はしごの適正な使用方法等

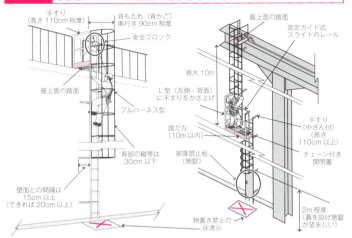

(a) 背もたれ（背かご）付き固定はしご　　(b) 踏だな付き固定はしご

☆安全な状態
(1) はしごと壁面との間隔は15cm以上あるか　　□
(2) 高さ2m以上には背もたれ（背かご）※1を設けているか　　□
(3) 最上部に踏面と手すりを設けているか　　□
(4) 最上部に安全ブロック等を設置しているか　　□
(5) 踏だながある場合、昇降口に開閉蓋を設置しているか　　□

☆安全な行動
(1) 安全ブロック等のフックをフルハーネス型のD環に直接掛けているか※2　　□

※1　JIS B 8826-2（クレーン通路及び保護装置）等に、「はしごの背もたれなどの保護装置の下端は、地面または作業床から2m以下の高さでなければならない」と明記。
※2　フルハーネス型は昇降用フロントD環付きを推奨。

H　上わく付き専用脚立の適正な使用方法等

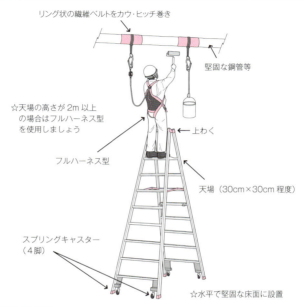

リング状の繊維ベルトをカウ・ヒッチ巻き

堅固な鋼管等

☆天場の高さが2m以上の場合はフルハーネス型を使用しましょう

フルハーネス型

上わく

天場（30cm×30cm程度）

スプリングキャスター（4脚）

☆水平で堅固な床面に設置

☆安全な状態
(1) 軟弱・傾斜・凹凸のある地面に直接設置していないか　□
(2) 開き止め金具を確実にロックしたか　□
(3) フルハーネス型のフックを掛ける設備を確保したか　□

☆安全な行動
(1) 作業時は常時フルハーネス型を使用しているか　□
(2) 踏さん上で作業をしていないか　□
(3) 両側の支柱から、左右に身を乗り出していないか　□

I 高さ1.5m以上*dの作業台の適正な使用方法等
（手すり付き可搬作業台・高所作業台）

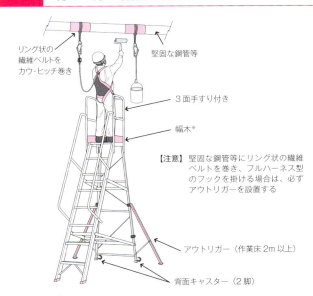

リング状の繊維ベルトをカウ・ヒッチ巻き
堅固な鋼管等
3面手すり付き
幅木※

【注意】堅固な鋼管等にリング状の繊維ベルトを巻き、フルハーネス型のフックを掛ける場合は、必ずアウトリガーを設置する

アウトリガー（作業床2m以上）
背面キャスター（2脚）

☆安全な状態
(1) 作業床が水平になるよう設置しているか　　□
(2) フルハーネス型のフックを掛ける設備を確保したか　　□

☆安全な行動
(1) 常時（昇降時も含め）フルハーネス型を使用しているか　　□
(2) 最大積載荷重を超えて人・物を載せていないか　　□
(3) 作業床上で踏台等を使用して作業していないか　　□

*d 安衛則第518条では、高さ2m以上で行う作業を「高所作業」としていますが、本書では、高さ1.5m（日本人成人男性平均身長の目線高）以上を「高所作業に準じた高さ」とします。
※ 安衛則第563条第1項第6号では、幅木は「高さ10cm以上」とある。本書では、幅木は物の落下防止の場合は高さ10cm以上、墜落防止（つま先止め）の役目も兼ねている場合は高さ15cm以上を推奨。

J　昇降式移動足場の適正な使用方法等

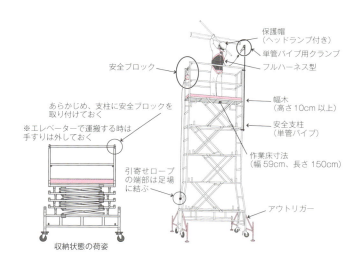

収納状態の荷姿

※エレベーターで運搬する時は手すりは外しておく

あらかじめ、支柱に安全ブロックを取り付けておく

安全ブロック

引寄せロープの端部は足場に結ぶ

保護帽（ヘッドランプ付き）
単管パイプ用クランプ
フルハーネス型
幅木（高さ10cm以上）
安全支柱（単管パイプ）
作業床寸法（幅59cm、長さ150cm）
アウトリガー

☆安全な状態
(1) 作業床が水平になるよう設置しているか　□
(2) 足場の周囲は立入禁止措置をしているか　□
(3) 手すりに昇降時使用する安全ブロックを設置したか　□
(4) アウトリガーを確実に使用しているか　□

☆安全な行動
(1) 昇降時はフルハーネス型を使用しているか　□
(2) 最大積載荷重を超えて人・物を載せていないか　□
(3) 作業者を乗せたまま移動していないか　□
(4) 作業床上で踏台等を使用して作業をしていないか　□

K　狭い孔口等の昇降と命綱の使い方

定期的に清掃等を行う受水槽・汚水槽・タンク等は孔口が狭く、昇降設備として、足場の組立てができない場合が多い。

［狭い孔口等の作業の危険性］
① 　昇降時にステップを踏み外して墜落
② 　受水槽等の内部で体調を崩し自力で踏さんを昇れなくなる
③ 　酸欠等の場合、救出が遅れると生命にかかわる
④ 　送気マスク等があっても訓練をしていないと対応ができない

☆フルハーネス型を使用し、命綱を用いて緊急時に初期対応ができる救出方法を知っておくことが肝要。

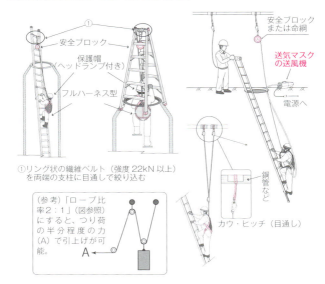

①リング状の繊維ベルト（強度 22kN 以上）を両端の支柱に目通しで絞り込む

（参考）「ロープ比率2：1」（図参照）にすると、つり荷の半分程度の力（A）で引上げが可能。

Ⅱ 災害事例と再発防止対策

L　墜落制止用器具(安全帯)の不適正な使用による災害と対策

はしごを昇る際、踏さんで足を踏み外して墜落し、床面に激突

[災害の主な要因]
(1) 墜落制止用器具のランヤードのフックを安全ブロックのフックに掛けたので、墜落時の衝撃力が　安全ブロックのロック機構に伝わらなかった。

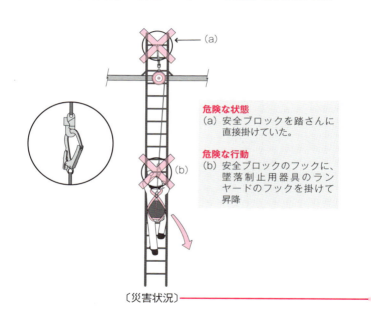

危険な状態
(a) 安全ブロックを踏さんに直接掛けていた。

危険な行動
(b) 安全ブロックのフックに、墜落制止用器具のランヤードのフックを掛けて昇降

〔災害状況〕

★再発防止対策

(1) フルハーネス型を使用する（固定ガイド式スライド器具の場合、昇降用フロントD環付きを推奨）。
(2) はしご上部の堅固な部分に、安全ブロックを設置。
(3) 安全ブロックのフックは、フルハーネス型のD環に直接掛けて昇降。

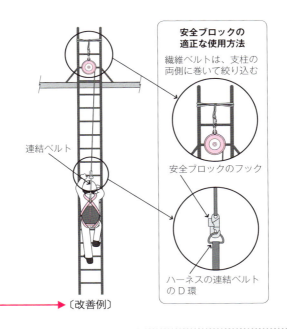

〔改善例〕

【厳禁】 安全ブロックのフックに墜落制止用器具のランヤードのフックを掛ける

M 移動はしごの不適正な昇降による災害と対策

手に工具を持ってはしごを昇っていた時、踏さん上で滑って背中から墜落

[災害の主な要因]
(1) **手に工具等を持って**、はしごを昇っていた。
(2) フルハーネス型を使用していなかった。
(3) はしごの上部を固定せず**安全ブロック等も設置していなかった**。

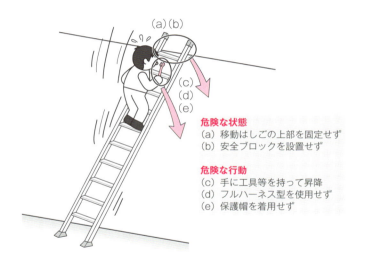

危険な状態
(a) 移動はしごの上部を固定せず
(b) 安全ブロックを設置せず

危険な行動
(c) 手に工具等を持って昇降
(d) フルハーネス型を使用せず
(e) 保護帽を着用せず

〔災害状況〕

★再発防止対策

(1) はしごの上部を固定する。
(2) 昇降時は常時、フルハーネス型を使用。
(3) 安全ブロック等は適正な取付け方法で使用。
(4) 工具等は工具ホルダーで工具袋と連結して収納し、はしごに向かって、**3点支持の動作**で昇降。

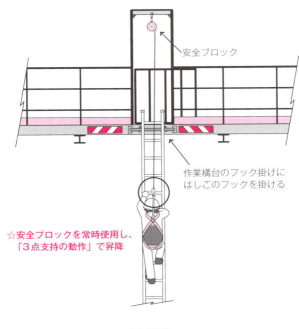

〔改善例〕

【厳禁】 手に工具等を持って移動はしごを昇降

N 固定はしごの不適正な昇降による災害と対策

固定はしごの最上部から屋上に乗り移ろうとした時、踏さんを踏み外して背中から墜落し、床面に頭と背中を強打

[災害の主な要因]
(1) 突出し部は30cm程度で背もたれがなく、踏さんが丸鋼だった。
(2) 最上部の踏さんは、細径の丸鋼で滑りやすい状態だった。
(3) 固定はしごに安全ブロック等を設置していなかった。
(4) フルハーネス型を使用していなかった。

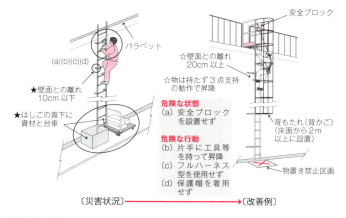

〔災害状況〕　　　　　　　　〔改善例〕

★再発防止対策
(1) 突出し部に背もたれ(G参照)と踏面を設置。
(2) 固定はしごの最上部の踏さんは、滑り止めのある四角形。
(3) 突出し部の上部に安全ブロック等を設置。
(4) 安全ブロックのフックは、フルハーネス型のD環に直接掛けて昇降。

【厳禁】 安全ブロック等を使用せずに昇降

◯ 踏だな付き固定はしごの昇降による災害と対策

上部の固定はしごを降りている時、上部の踏さんで足が滑り、踏だなの手すりを乗り越えて墜落、上半身が床面に激突

[災害の主な要因]
(1) 踏だなの手すりと背もたれの間は 100cm 以上の開口状態 だった。
(2) 固定はしごに安全ブロック等を設置していなかった。
(3) フルハーネス型を使用していなかった。

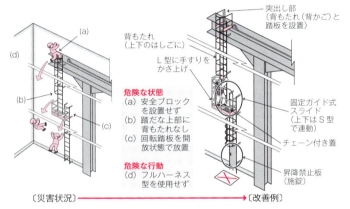

危険な状態
(a) 安全ブロックを設置せず
(b) 踏だな上部に背もたれなし
(c) 回転踏板を開放状態で放置

危険な行動
(d) フルハーネス型を使用せず

〔災害状況〕 ──────────▶ 〔改善例〕

★再発防止対策
(1) 踏だなの手すりを背もたれまで L 型に 80cm 程度かさ上げ。
(2) 安全ブロックを上部・下部はしごのそれぞれに設置。
　　または固定ガイド式スライドを S 型に設置〔推奨〕。
(3) 安全ブロックのフックは、フルハーネス型の D 環に直接掛けて昇降。

【踏だなの床面からの墜落】
★中間にある踏だな開口部から墜落
⇒開口部に チェーン付き蓋 を設置し常時閉(昇降時に開ける)。

P 下部のない固定はしごの昇降時の災害と対策

倉庫端部の固定はしごの下に設置した、はしご兼用脚立（兼用脚立）の天板に片足を乗せたとき、兼用脚立が転位して踏み外し、背中から路面に墜落

[災害の主な要因]
(1) わずかに傾斜したコンクリートの路面に短い脚立を設置した。
(2) 脚立の上部をロープで固縛しなかった。
(3) 固定はしごの上部に安全ブロック等を設置していなかった。

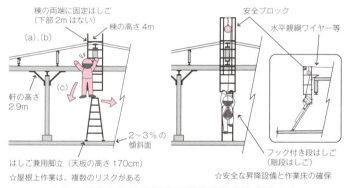

☆屋根上作業は、複数のリスクがある ☆安全な昇降設備と作業床の確保

危険な状態
(a) 兼用脚立の上部を固定せず
(b) 安全ブロックを設置せず

危険な行動
(c) フルハーネス型を使用せず

〔災害状況〕 ━━━━━━━━━━━━▶ 〔改善例〕

★再発防止対策
(1) フック・手すり付き階段はしごを設置。
(2) 固定はしごの上部に安全ブロック等を設置し、安全ブロックのフックは、フルハーネス型のD環に直接掛けて昇降。

【厳禁】 兼用脚立・はしご等の上部を固定しないで昇降

Q 水槽等で使用する固定はしごの昇降時の災害と対策

構台上に設置した給水用の水槽の清掃において、水槽内の点検後に固定はしごを降りるとき、足が滑って墜落

[災害の主な要因]
(1) 水槽上部に防護柵がなく、固定はしごに背もたれ(背かご)がなかった。
(2) フルハーネス型は身につけていたが、使用しなかった。
(3) 固定はしごの上部に安全ブロック等を設置していなかった。

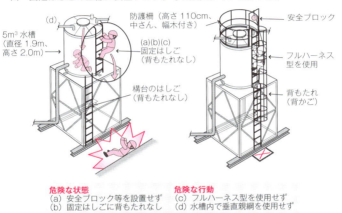

危険な状態
(a) 安全ブロック等を設置せず
(b) 固定はしごに背もたれなし

危険な行動
(c) フルハーネス型を使用せず
(d) 水槽内で垂直親綱を使用せず

〔災害状況〕　　　　　　　　　〔改善例〕

★再発防止対策
(1) 水槽上部に防護柵、固定はしごの上部に背もたれを設置。
(2) 水槽の防護柵に安全ブロック等を設置し、安全ブロックのフックは、フルハーネス型のD環に直接掛けて昇降。

【第三者災害の危険性】構台の公道側に、固定はしごがある場合
★屋上から公道上への墜落は、第三者を巻き込む危険性がある。
⇒公道側にフェンスを設置し、固定はしごは反対側へ移設。

R 2連はしごの昇降時の災害と対策

2階建の屋根上の飛来物除去のため、2連はしごを立て掛けて昇り、屋根上に乗り移ろうとしたとき、はしごの上部が転位して墜落

[災害の主な要因]
(1) 傾斜した砂利の地面上に直接設置したので、脚部が不安定だった。
(2) 2連はしご上部の突出しが少なく、かつ、固定していなかった。
(3) 2連はしごの上部に安全ブロックを設置していなかった。
(4) フルハーネス型を使用していなかった。

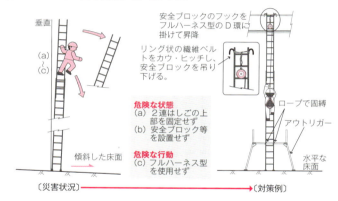

危険な状態
(a) 2連はしごの上部を固定せず
(b) 安全ブロック等を設置せず

危険な行動
(c) フルハーネス型を使用せず

〔災害状況〕 → 〔対策例〕

★再発防止対策
(1) 基本は水平な床面に設置する（傾斜面の場合、短尺の足場板を敷く）。
(2) 2連はしごの上部は 1m程度突出し（F参照）、下部は作業台などにハ形にロープで固縛する。アウトリガーの設置を推奨。
(3) 2連はしごの上部の堅固な物に、安全ブロック等を設置し、フルハーネス型のD環に安全ブロック等のフックを掛けて昇降。

【危険】 はしご脚部の養生と転倒（転位）防止措置をせずに昇降

S　専用脚立の不適正な使用による災害と対策

傾斜した床面に設置した専用脚立（脚立）の天板に座り、蛍光灯を交換していたところ、バランスを崩し、脚立と共に後方に倒れて、床面に頭と背中を強打

[災害の主な要因]
(1) 脚立を傾斜のある床面に設置した。
(2) フルハーネス型を掛ける設備がないのでフルハーネス型を使用しなかった。
(3) フルハーネス型を使用しないで、脚立の天板に座って作業した。

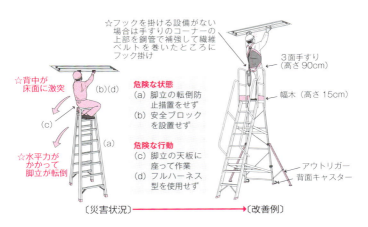

〔災害状況〕　　　　　　　　　　　　〔改善例〕

★再発防止対策
(1) 脚立は天板が水平になるように設置。
(2) 作業床の広い手すり付き高所作業台の使用を推奨。

【厳禁】傾斜のある床面に脚立を設置し、フルハーネス型を使用せずに、脚立をまたいだり、天板に座って作業

T 移動式作業台昇降時の災害と対策

作業者が構台から降りるため、移動式作業台の作業床に足を乗せた時、水平移動して床面に墜落

[災害の主な要因]
(1) 作業台上部を構台の端部に固定していなかった。
(2) 監督者は、作業台を固定しなくても構台の昇降設備になると認識していた。

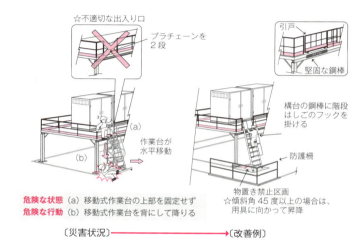

危険な状態（a）移動式作業台の上部を固定せず
危険な行動（b）移動式作業台を背にして降りる

〔災害状況〕　　　　　　　　　　　　　〔改善例〕

★再発防止対策
(1) 構台端部の鋼棒にフック付き階段はしごを掛けて固定し、階段はしごに向かって昇降。
(2) 進入口は手すりを固定し、引き戸を設置。

【厳禁】 移動式作業台を固定せずに昇降設備として使用

U 階段はしご*eの不適正な使用による災害と対策

作業構台から、片側手すり付き階段はしごを背にして降りている時、踏み外して滑り落ち、腰部を強打

[災害の主な要因]
(1) 傾斜角60度の階段はしごに、片側しか手すりがなかった。
(2) 階段はしごを背にして、右手に物を持って降りていた。
(3) 昇降時の踏面の照度は50ルクス程度で薄暗かった。

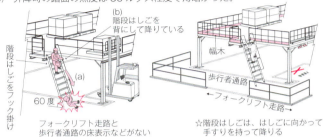

〔災害状況〕　　　　　　　　　　　　〔改善例〕

危険な状態
(a) 補助手すりは片側だけだった

危険な行動
(b) 階段はしごを背にして降りた

(参考) 急傾斜の昇降設備（傾斜角45度以上）

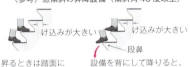

昇るときは踏面につま先がかかる
設備を背にして降りると、段鼻につま先がかからない

★再発防止対策
(1) 階段はしごの両側に手すりを設置。
(2) 傾斜角45度以上の階段はしごは、用具に向かって昇降。
(3) 昇降時は、200ルクス程度の照度を確保。またはヘッドランプ付き保護帽を着用。

*e 「階段はしご」は国内で一般的に商品名で使われている名称で、JISにおける「階段・はしご」の定義とは異なりますが、本書では「階段はしご」の名称を使用します。

【厳禁】 階段はしごを背にして降りる

V 受水槽の固定はしご昇降時の災害と対策

受水槽内の清掃のため、作業者Aが孔口からはしごを使い降りようとして、足が滑ってピット内に落ちて動けなくなった。作業者Bは悲鳴を聞き確認のため孔口に上がろうとして外側のはしごから床面に墜落

[災害の主な要因]
(1) 酸素濃度等の測定をせず、換気もしなかった。
(2) 孔口に手掛かり棒がなく、丸鋼の踏さんは濡れていた。
(3) 作業者は、フルハーネス型を使用していなかった。
(4) ピット内は、30ルクス程度と薄暗かった。

危険な状態
(a) 固定はしごに背もたれなし
(b) 安全ブロックを設置せず

危険な行動
(c) フルハーネス型を使用せず
(d) 命綱の使い方を知らなかった

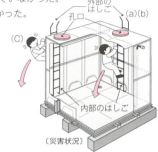
〔災害状況〕

★再発防止対策
(1) 酸素濃度等の測定を行い、一定時間換気を行う。※1
(2) 長さ5mの移動はしごを入れ、上部に安全ブロックを設置。
(3) 救助も簡易にできるフルハーネス型を使用。※2
(4) 作業者はヘッドランプ付き保護帽を着用。
(5) ピット内で倒れた人を救助する訓練を定期的に実施。※3

※1 酸素濃度は18%以上(詳細は、当シリーズ『酸欠等の防止』参照)。
※2 受水槽内ではフルハーネス型とし、命綱(ライフライン)を使用していなければ、救助不可能。
※3 安全ブロックの使用方法と救助方法はK参照。
※4 孔口周辺に安全柵設置を推奨
　→昇降時に安全ブロックを取り付けることが可能
※5 FRP製の受水槽は経年劣化し、踏み抜くおそれがある。受水槽上では水平親綱ワイヤー等にフルハーネス型のフックを掛けて移動。

【厳禁】 酸素濃度等の測定や換気をせずにピット内に入る

執　　筆：労働安全コンサルタント　中野洋一
　　　　　中災防安全衛生エキスパート（元中災防安全管理士）

協　　力：(株)杉孝　那須公行

デザイン：(株)ジェイアイ

イラスト：高橋晴美

参考資料：
(a)「なくそう！墜落・転落・転倒（第6版）」（中野洋一著.中災防）
(b)「イラストで学ぶ高所作業の知識とべからず83事例」（中野洋一著.労働新聞社）
(c)「安全確認ポケットブック　墜落・転落災害の防止」（中災防）
(d)「安全確認ポケットブック　酸欠等の防止」（中災防）

イラストp14
「イラストで学ぶ高所作業の知識とべからず83事例」（中野洋一著.労働新聞社）より転載

安全確認ポケットブック　はしご・脚立等の災害の防止

平成26年7月25日　　第1版第1刷発行
平成30年11月30日　　第2版第1刷発行

　　　編　者　中央労働災害防止協会
　　　発行者　三田村　憲明
　　　発行所　中央労働災害防止協会
　　　　　　　〒108-0023　東京都港区芝浦3-17-12 吾妻ビル9階
　　　　　　　TEL　　＜販売＞03（3452）6401
　　　　　　　　　　　＜編集＞03（3452）6209
　　　　　　　ホームページ　https://www.jisha.or.jp/
　　　印　刷　(株)昌文社

乱丁・落丁本はお取り替えします。　　©JISHA 2018

本書の内容は著作権法によって保護されています。
本書の全部または一部を複写（コピー）、複製、転載
すること(電子媒体への加工を含む)を禁じます。

21422-0201
定価（本体 280 円＋税）
ISBN978-4-8059-1838-8 C3060